W0203257

TRAUM MANN

zum Selber-stricken!

GROH

Es ist doch immer das Gleiche mit den Männern: die Interessanten sind entweder vergeben oder entpuppen sich nach kurzer Zeit als Reinfall.

Aber gibt es überhaupt den einzig wahren, gut aussehenden, liebevollen und noch dazu pflegeleichten Traummann? Ja! Den gibt es! Und genau so ein Traum-Exemplar kann sich frau nun selber stricken.

Mit dem **Do-it-yourself-Traummann** zum Selberstricken werden Träume wahr! Also, an die Nadeln, fertig, los: Einfach mithilfe der detaillierten Anleitung (am Ende des Buches) den „Grundmann“ stricken und ihn nach den eigenen Vorlieben gestalten.

Ob **Hausmann, Latin Lover** oder **Muskelprotz,** der Fantasie sind keine Grenzen gesetzt. So findet jede Frau ihren ganz persönlichen Traummann.

Viel Spaß beim Ausprobieren!

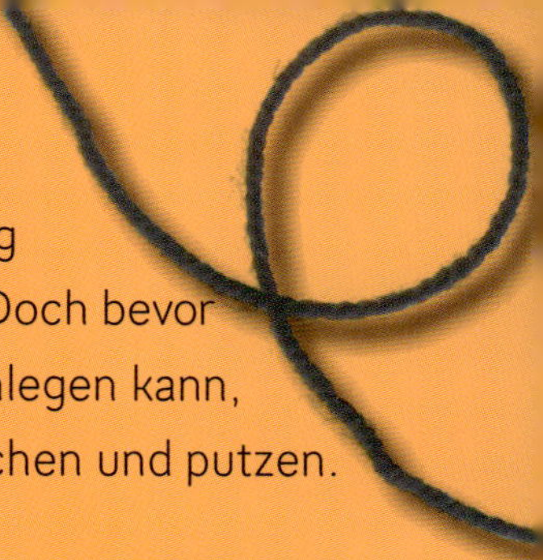

Wer kennt das nicht? Man kommt nach einem langen Tag völlig gestresst nach Hause. Doch bevor man entspannt die Füße hochlegen kann, muss man erst einkaufen, kochen und putzen.

Mit dem Typ „Hausmann“ gehört all das der Vergangenheit an! Wer also abends in eine saubere, aufgeräumte Wohnung kommen möchte, in der es verführerisch nach Essen duftet, der sollte sich den „Hausmann“ anfertigen.

Traummann Nr. 1

Der HAUS-MANN

Dieser Männertyp nimmt frau die lästige Hausarbeit ab und verwöhnt sie, wo er nur kann.

Für den „Hausmann“ empfiehlt sich eine möglichst fusselfreie, pflegeleichte Wolle. Damit dieser Traumtyp seinen Hobbys nachgehen kann, muss er entsprechend ausgerüstet werden: Kochlöffel und Topf gehören zu seiner Grundausstattung.

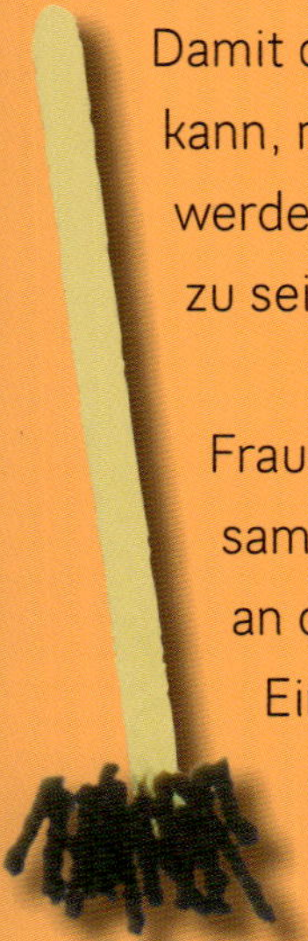

Frau kann ihm aber für jede weitere unliebsame Hausarbeit zusätzliche Accessoires an die Hand geben: Besen, Bügeleisen, Einkaufskorb … der Fantasie sind keine Grenzen gesetzt.

Zutaten:
Kochlöffel, Kochtopf,
Eügeleisen, Besen,
Einkaufskorb

Frauen, die **Theaterbesuche, Bildungsreisen** und wissenschaftliche Diskussionen lieben, kommen beim **„Intellektuellen"** voll auf ihre Kosten.

Dieser äußerst gebildete, **belesene Typ** wirkt auf den ersten Blick zwar häufig etwas zerstreut und in sich gekehrt, hinter der unscheinbaren Fassade verbirgt sich jedoch meist ein überaus geistreicher, redegewandter und herzensguter Mann.

Traummann Nr. 2

Der INTELLEK-TUELLE

Hinter der unscheinbaren Fassade steckt ein herzensguter Mann.

Für den „Intellektuellen" braucht frau eine einfache Wolle in einem möglichst ruhigen, gedeckten Farbton.

Da dieser Typ Mann nur wenig Zeit hat, sich sportlich zu betätigen, ist er nur mäßig fit und etwas ungelenk. Daher darf der Bauch ruhig mit etwas mehr Watte gefüllt werden. Lesebrille, zerzaustes, etwas schütteres Haar, Fliege und Pullunder runden das Gesamtbild ab. Noch einen dicken Schmöker in die Hand und fertig ist der „Intellektuelle".

Zutaten:
Lesebrille,
dicker Schmöker,
Fliege

Für Liebhaberinnen von erfolgreichen, pünktlichen und top gestylten Anzugträgern empfiehlt sich das Modell **„Business-Mann“.**

Dieser Männertyp hat aufgrund seiner Karriere in der Regel zwar wenig Freizeit, besticht dafür aber durch sein korrektes, selbstbewusstes und **stilsicheres Auftreten.** Frauen, die in der Mittagspause, auf **Geschäftsreisen** oder Afterwork-Partys gerne flirten, finden im „Business-Mann“ den richtigen Partner.

Traummann Nr. 3

Der BUSINESS-MANN

Erfolgsverwöhnter Mann, der zwar wenig Zeit, dafür aber viel Geld hat.

Für den „Business-Mann" benötigt frau eine qualitativ hochwertige Wolle.

Neben einem edlen Markenanzug mit passender Krawatte, dürfen Aktentasche und perfekt gestylter Haarschnitt nicht fehlen. Da der „Business-Mann" technisch immer auf dem neuesten Stand ist, muss frau bei seiner Ausstattung etwas tiefer in die Tasche greifen und ihm Designeruhr, Handy und Laptop zur Verfügung stellen.

Zutaten:
Anzug, Krawatte,
technischer
Schnickschnack

Wer auf feurige, heißblütige Männer mit viel **Leidenschaft** und Liebe im Blut steht, der sollte sich den **„Latin Lover“** anfertigen.

Dieser temperamentvolle Typ vergöttert alle Damen und umgarnt sie, wo er nur kann. Für Frauen, die sich gerne von selbstbewussten, **südländischen Machos** bezirzen lassen, ist der „Latin Lover“ also genau der Richtige.

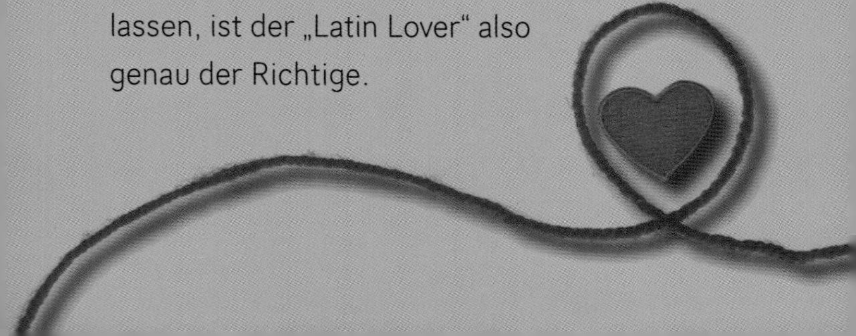

Traummann Nr. 4

Der LATIN LOVER

Feuriger Macho
mit viel Leidenschaft
und „Amore“ im Blut.

Der leidenschaftliche „Latin Lover" sollte mit viel Gefühl und Hingabe gestrickt werden, damit die für ihn typische „Amore" voll ausgeprägt zur Geltung kommt.

Für diesen selbstverliebten Macho ist ein gepflegtes Äußeres unabdingbar: schwarzes Brusthaar, Goldkettchen und ein café-farbener Teint und fertig ist der „Latin Lover". Wer das volle Programm möchte, stattet ihn zusätzlich mit einem sexy Hüftschwung aus und lässt sich beim Tango tanzen davon verführen ...

Zutaten:
„Amore“,
Brusthaar,
Goldkettchen

Frauen, die sich einen coolen, unterhaltsamen Typen wünschen, der zudem noch durchtrainiert und unkompliziert ist, liegen mit dem „Sonnyboy" auf einer Wellenlänge.

Dieses Prachtexemplar liebt das süße Leben voll Sommer, Sonne, Strand und Meer und wickelt auf Beachpartys jedes Mädchen mit seinem einnehmenden Lächeln um den Finger.

Traummann Nr. 5

Der SONNY-BOY

Mit diesem lässigen Typen geht die Sonne auf.

Für den sonnengebräunten Teint des „Sonnyboys" braucht man eine goldbraune Wolle. Das Strickmuster sollte möglichst engmaschig sein, damit die Fitness des Beachboys auf den ersten Blick sichtbar wird.

Blondes, vom Wind zerzaustes Haar, bunte Badeshorts, Surfbrett und eine coole Sonnenbrille runden das Gesamtbild ab. Mit so einem lässigen Typen an der Seite schwimmt frau immer auf der richtigen Welle.

Zutaten:
Surfbrett,
ccole Sonnenbrille,
Badeshorts

Wer auf starke Kerle mit **Bizeps, Knackpo** und **Sixpack** steht, ist beim Typ **„Muskelprotz"** an der richtigen Adresse.

Diesen Adonis erkennt man an seiner ganzjährig gleichbleibenden Solariumsbräune, seinen **stahl-harten Muskeln** und einem selbstsicheren Auftreten. Frauen, die sich gerne an breite Schultern lehnen, sollten sich also den „Muskelprotz" stricken.

Traummann Nr. 6

Der MUSKEL-PROTZ

Der Mann, der jede Frau auf Händen trägt.

Der „Muskelprotz“ sollte aus einer festen, harten Wolle gefertigt sein.

Damit die Muskelpakete möglichst detailliert herausgearbeitet werden können, müssen die Maschen sehr eng gestrickt werden. Für besonders definierte und wohlproportionierte Oberarme, den Bizeps mit extra viel Watte auffüllen. Je nach Geschmack, hier und da noch ein bisschen mehr ausstopfen und modeln und fertig ist der Mann, der jede Frau auf Händen tragen kann.

Zutaten:
Muskelpakete,
Sportgeräte,
Energydrinks

Frauen, für die Verantwortungsbewusstsein, soziales Engagement und ein gesunder Lebensstil einen Traummann ausmachen, sollten die Stricknadeln für den „Ökotyp" zücken.

Dieser biologisch wertvolle Männertyp legt zwar in der Regel wenig Wert auf sein Äußeres, ist dafür aber seinen **Prinzipien**, der **Natur** und sich selbst immer treu.

Traummann Nr. 7

Der ÖKO-TYP

Engagierter Naturliebhaber mit biologisch wertvollen Prinzipien.

Für den „Ökotyp" sollte frau eine unbehandelte, biologisch abbaubare Baumwolle verwenden.

Damit er die von ihm so geliebte Vollwertkost im Bio-Laden oder auf dem Wochenmarkt besorgen kann, benötigt der Öko eine Jutetasche. Weitere Merkmale dieses Männertyps sind Karohemd und Ledersandalen, die er in Secondhand-Läden mit Fairtrade-Label kauft. Noch eine runde Brille auf die Nase und fertig ist der „Ökotyp".

Zutaten:
Jutetasche,
öko-zertifizierte
Kleidung

Für Frauen, die **harte Kerle** mit wilder Mähne und Bad Boy-Image mögen, ist der **„Rockstar"** genau der richtige Typ.

Dieser unnahbare Männertyp verbringt seine Zeit am liebsten **live on stage** oder in verrauchten Clubs, immer umringt von kreischenden Groupies. Hinter seiner harten Rocker-Schale verbirgt sich jedoch meist ein weicher Kern, der Frauenknie mit **romantischen Rock-Balladen** zum Zittern bringt.

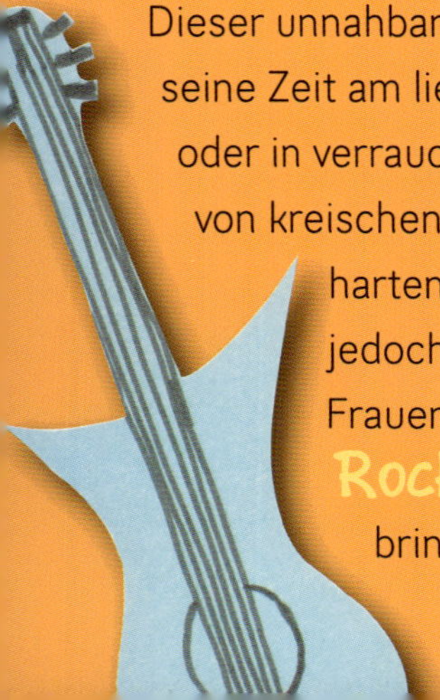

Traummann Nr. 8

Der ROCK-STAR

Harter Typ
mit weichem Kern,
der Frauenknie
zum Zittern bringt.

Für den „Rockstar“ benötigt frau eine möglichst harte Wolle. Er darf ruhig ein paar Ecken und Kanten haben und sollte nicht zu glatt gestrickt werden.
Das Markenzeichen des Rockers ist die E-Gitarre.

Dazu noch eine dunkle Sonnenbrille und lange Haare und fertig ist der wilde „Rockstar“.

Zutaten:
lange Haare,
E-Gitarre,
dunkle Sonnenbrille

Frauen, die sich einen Traummann wünschen, der ihnen nicht nur zuhört und sie versteht, sondern auch noch aufmerksam, liebevoll und zuvorkommend ist, sollten sich den „Kavalier" stricken.

Dieser Typ Mann hat es sich
zur Aufgabe gemacht,
Frauen zu verwöhnen,
sie mit Komplimenten
zu überhäufen und ihnen
die Welt zu Füßen zu legen.

Traummann Nr. 9

Der KAVALIER

Charmanter Frauenversteher, der rote Rosen regnen lässt.

Für den **„Kavalier“** empfiehlt sich eine gepflegte, weiche Wolle.

Damit der **Charme** und die guten **Manieren** dieses Männertyps besonders gut gelingen, sollte er mit viel Fingerspitzengefühl gestrickt werden. Seine charakteristischen Merkmale sind ein gewinnendes Lächeln, ein verführerischer Augenaufschlag und **rote Rosen,** die er für die Frauen regnen lässt. Wer sich also wie eine Königin fühlen möchte, der ist beim „Kavalier“ an der richtigen Adresse.

Zutaten:
gewinnendes Lächeln,
rote Rosen,
Charme

Strickanleitung für den Traummann

Beine und Unterkörper:

Für das erste Bein mit dem Nadelspiel 22 Maschen anschlagen. 30 Runden stricken. Die Maschen auf Sicherheitsnadeln stilllegen.

Für das zweite Bein ebenso verfahren. Die Maschen von den Sicherheitsnadeln wieder mit auf die Nadeln nehmen. Zwischen den beiden Beinen für den Schritt hinten und vorne jeweils 1 Masche aufnehmen. Mit 46 Maschen 17 Runden gerade nach oben stricken.

Oberkörper:

Brust und Rücken werden getrennt weiter gestrickt. Dafür werden links und rechts jeweils 5 Maschen auf einer Sicherheitsnadel stillgelegt. Mit den mittleren 18 Maschen für den Brustkorb 6 Reihen nach oben stricken, ebenso für den

Rücken verfahren. Vorder- und Rückenteil werden nun wieder verbunden. Dafür über den Armlöchern je 2 Maschen aufnehmen (=40 Maschen) und 2 Runden bis zur Schulter stricken, dann links und rechts, vorne und hinten jeweils 6 Maschen abketten, so dass mittig 16 Maschen für den Hals bestehen bleiben, 1 Runde stricken.

Kopf:

Für die Kopfrundung über den Schultern rechts und links in den nächsten 6 Runden je 4 Maschen zunehmen (= 40 Maschen), 12 Runden gerade hoch stricken, anschließend in 6 Runden wieder in jeder Runde 4 Maschen abnehmen. Die restlichen 16 Maschen abketten.

Arme:

Für den rechten Arm die stillgelegten 5 Maschen auf die Nadel nehmen. Zusätzlich aus dem Armloch noch 14 Maschen aufnehmen. Mit den 19 Maschen 25 Runden stricken und abketten. Mit dem linken Arm genauso verfahren.

Ausarbeitung:

Anschließend die Arme und Beine mit einem Faden zusammenziehen und vernähen. Die Schulternähte schließen und den Traummann vom Kopf her mit Watte ausstopfen. Anschließend die Kopfnaht schließen. Mit einem roten Wollfaden den Mund aufnähen, mit blau oder schwarz die Augen. Nach Bedarf einkleiden.

... und fertig ist der Traummann!

GOETHE

Traummann
zum Selberstricken

TRAUMMANN ZUM SELBERSTRICKEN
ISBN 978-3-86713-551-1

Immer eine gute Geschenkidee: www.groh.de

Text:
Laura Strathmann

Layout:
Margit Poxleitner

Fotos:
Laura Strathmann und Margit Poxleitner

Strickanleitung und Strickmännchen:
Ursula Kohaupt

Idee und Konzept:
Groh Verlag. Das Werk einschließlich seiner Teile ist urheberrechtlich geschützt. Jede Verwertung außerhalb der engen Grenzen des Urheberrechtsgesetzes ist ohne Zustimmung des Verlages unzulässig und strafbar. Das gilt insbesondere für Kopien, Einspeicherung und Verarbeitung in elektronischen Systemen.

ISBN 978-3-86713-551-1
© Groh Verlag GmbH, 2011

107012-4757-01

Ein Lächeln schenken

Geschenke sollen ein Lächeln auf Gesichter zaubern und die Welt für einen Moment zum Stehen bringen. Für diesen Augenblick entwickeln wir mit viel Liebe immer neue GROH-Geschenke, die berühren.

In ihrer großen Themenvielfalt und der besonderen Verbindung von Sprache und Bild bewahren sie etwas sehr Persönliches.

Den Menschen Freude zu bereiten und ein Lächeln zu schenken, das ist unser Ziel seit 1928.

Ihr

Joachim Groh

GROH